MISCELLANÉES

PAR

Henri BARDY

****

SAINT-DIÉ
TYPOGRAPHIE ET LITHOGRAPHIE C. CUNY

1902-1903

MISCELLANÉES

PAR

Henri BARDY

———

****

SAINT-DIÉ
TYPOGRAPHIE ET LITHOGRAPHIE C. CUNY
—
1902

BIBLIOGRAPHIE VOSGIENNE

Étude historique sur l'ancien Ban de Fraize, par l'Abbé Georges FLAYEUX ; Vol. gr. in-8° de 192 p., Saint-Dié, impr. C. Cuny.

« C'est un nouveau venu dans la So-
« ciété philomatique vosgienne que M.
« l'abbé Flayeux, et il s'annonce bien par
« une étude assez documentée sur l'an-
« cien ban de Fraize ; après quelques
« mots sur les origines, il nous conte
« l'histoire de la famille de Ribeaupierre,
« qui domina la contrée... Les meilleurs

« chapitres nous renseignent sur l'admi-
« nistration du ban et sa mise en culture.. »

C'est en ces termes que M. Jules Perron, un des collaborateurs des *Annales de l'Est*, la savante et grave revue publiée sous la direction de la Faculté des Lettres de Nancy, signalait naguère la première partie de l'*Etude historique* de M. l'abbé Flayeux.

Cette première partie, parue dans le XXVI⁰ Bulletin de la *Société philomatique de Saint-Dié*, a été suivie d'une seconde, qui, certainement, vaudra à son auteur des paroles aussi bienveillantes, d'autant plus encourageantes qu'elles viennent de personnes que leur situation universitaire rend assez exigeantes et dont la critique n'en est que plus précieuse.

Un tirage à part de cette *Etude* vient d'être fait et forme un beau volume gr. in-8⁰ de près de 200 pages.

Elle est divisée en quatorze chapitres. Les deux premiers nous parlent des origines et de la formation du ban de Fraize, dont le siège paroissial a d'abord été au village de Mandray, où les disciples de saint Dié avaient fondé un oratoire sous l'invocation de saint Jacques et de saint Martin.

Dans les chapitres III et VI, nous avons d'une manière suffisamment détaillée l'histoire des anciens seigneurs du ban depuis le XI⁰ siècle jusqu'à la Révolution française. Successivement, défilent devant nous, après les ducs de Lorraine et le Chapitre de Saint-Dié, les sires de Ribeaupierre en même temps que ceux de Parroye, dont nous avons dernièrement montré les attaches avec notre Insigne Eglise, à propos du chanoine Burnequin ; puis les familles Bayer de Boppart, de Créhange, de Birkenfeld, de Cogney et de Clinchamp. Les renseignements que donne M. l'abbé Flayeux sur ces différents seigneurs sont des plus intéressants et puisés aux meilleures sources. Le récit est concis et clair, ce qui est très important là où il est si difficile d'éviter quelque confusion et si facile de s'égarer à côté du sujet.

Les chapitres IV et VII, relatifs à l'administration (municipale, judiciaire, économique), sont parfaitement traités et présentent un grand intérêt, même au point de vue général. Nous ne voulons que les mentionner ici, en engageant vivement nos lecteurs à en prendre plus ample connaissance, car ce serait vraiment déflorer cet excellent travail en en parlant plus longuement.

A la lecture de ces faits, évoqués tous d'après des pièces d'archives et des documents qui existent encore dans les mairies et les presbytères, on conçoit une juste idée de ce qu'étaient les us et coutumes des campagnards de l'Ancien régime. On conviendra que ceux qui parlent avec un sourire narquois du *bon vieux temps* sont souvent bien téméraires dans leurs appréciations ou peu versés dans la connaissance de nos vieilles institutions et de l'histoire de notre passé.

La seconde partie de l'*Etude* de l'abbé Flayeux est aussi remarquable, et plus complète. Cela s'explique naturellement par la plus grande quantité de matériaux mise à la disposition de l'auteur. Il n'avait même que l'embarras du choix, et il lui en fallut faire un judicieux pour ne pas embroussailler son récit par une multitude de petits faits inutiles ou ennuyeux. L'auteur s'en est admirablement bien tiré.

C'est ainsi que l'histoire ecclésiastique et celle de l'instruction primaire dans l'ancien ban sont pleines d'intérêt et de détails curieux. Il en est de même de celle de la période révolutionnaire, où il fallait une certaine délicatesse de touche pour ne pas froisser quelques susceptibilités locales, en réveillant des souvenirs désagréables plus ou moins fondés. Aussi, ne s'est-il pas appesanti sur les déplorables événements des premiers jours de septembre 1793 à Saint-Dié, auxquels prirent part plusieurs individus de Fraize et des villages voisins. Nous possédons, sur ces sanglantes journées, des renseignements inédits, que nous devons à un vieux *Fraizois*; il les tenait de son père et de son grand-oncle. Ils prouvent que plusieurs de ses compatriotes n'ont pas été étrangers à ces scènes de pillage, et que ce fut un maçon de Taintrux, employé avec confiance par Hugo de Spitzemberg et comblé de ses bienfaits, qui fit connaître aux assassins les cachettes ménagées dans les différents appartements de l'hôtel.

Un des plus curieux chapitres — et des plus amusants. — de l'ouvrage de l'abbé Flayeux est celui qui est consacré au Folklorisme montagnard, c'est-à-dire à la sorcellerie, aux superstitions, aux anciennes mœurs et coutumes, aux traditions populaires et au patois local. En un endroit où il est question de la vogue dont jouissait le bourreau de Colmar auprès des habitants de Fraize qui venaient le consulter, l'auteur s'étonne peut-être un peu trop de l'emploi que le médicastre alsacien faisait « de la petite bête vulgairement appelée *cochon de Saint-Antoine* » dans l'hydropisie. On l'employait souvent jadis, et on le trouve mentionné dans beaucoup de Pharmacopées, sous le nom de Cloporte (*Oniscus asellus* ou *murarius*, crustacé isopode) comme diurétique fondant, à cause du sel de nitre qu'il est censé contenir. Rien de plus naturel qu'à l'exemple des plus savants Docteurs de l'époque, les vieux empiriques prescrivissent des infusions de cloportes dans les maladies qui sont justiciables des médicaments diurétiques. On voit donc que le bourreau de Colmar ne méritait pas la critique en cette circonstance, et que s'il se montrait aussi judicieux et aussi bien avisé dans tous les autres cas, les gens de Fraize n'avaient pas tout-à-fait tort en allant le consulter.

Enfin l'*Etude historique* se termine par un rapide coup d'œil sur Fraize au XIXe siècle.

Nous ne saurions trop féliciter M. l'abbé Flayeux de l'hommage filial qu'il vient de rendre à son pays. On voit, en lisant ces pages, qu'il l'aime de tout son cœur et voudrait faire partager à tous son amour patriotique.

Lafeschotte (Doubs), le 1er Août 1902.

FEMME-POISSON & FEMME-SERPENT

Il existe à la Cathédrale de Saint-Dié une remarquable série de chapiteaux de l'époque romane secondaire, c'est-à-dire du XIe siècle. On peut se faire une idée de leur intérêt en regardant la reproduction photographique qu'en donne M. Victor Franck à la page 213 de son magnifique ouvrage *Du Donon au Ballon d'Alsace.*

Parmi ces chapiteaux, le septième à droite en entrant représente une *femme-poisson* ou *Sirène*, nageant au sein des flots au milieu de poissons et dans l'attitude qu'on lui donne ordinairement dans cette période de l'art roman.

Notre regretté collègue, M. Gaston Save, prétend que « cette Sirène, à double queue de poisson, est une *Merlusse* ou *Merluche* », et il l'identifie avec *Mélusine*, la célèbre fée qui présidait aux destinées de la famille de Lusignan, en Poitou. Nous croyons cette identification absolument impossible, et nous allons essayer de le prouver.

Il est bien entendu que ce que nous allons dire s'appliquera également aux figures semblables qui existent déjà, nous dit-on, ou pourront être découvertes dans notre Cathédrale par suite des travaux de grattage et de réparation qu'on y exécute en ce moment.

1

Les Sirènes, ces êtres fabuleux, moitié femme, moitié poisson, évoquent chez beaucoup d'entre nous des souvenirs classiques. On revoit, par la pensée, le prudent Ulysse qui, pour ne pas se laisser séduire par les chants mélodieux de ces dangereuses enchanteresses, bouche ses oreilles et celles de ses compagnons avec de la cire.

C'est qu'en effet, par la douceur de son chant et ses charmes trompeurs, la Sirène attirait les navigateurs sur les écueils des mers, où ils périssaient. On ne pouvait s'en défendre qu'en la fuyant, tant son cœur était cruel et plein de malignité.

Il n'est donc pas étonnant que les Sirènes soient devenues, chez les chrétiens, le symbole de l'Impureté et de la Luxure. Aussi, sont-elles si souvent reproduites dans nos vieilles églises qu'il est bien difficile de ne pas admettre qu'elles aient eu ce sens symbolique. On voit, dans la crypte de l'église de Parize-le-Châtel, au diocèse de Nevers, des chapiteaux où sont représentés les sept péchés capitaux ; l'Impureté l'est par une Sirène à deux queues, absolument semblable à celle de Saint-Dié. Il y en a une fort belle — et très avenante, ma foi ! — sur un monument roman que de Caumont, dans son *Abécédaire d'Archéologie*, (I, p. 221), dit être conservé dans l'église de Souvigny (Allier). Il y en a une, à Angers, qui tient en main un poisson, emblème du Christ. Nous nous souvenons avoir vu, dans les *Annales de la Société jurassienne d'émulation* de Porrentruy, plusieurs de ces figures ornant les chapiteaux de quelques églises de la Suisse romande. On peut consulter sur la signification symbolique des Sirènes, au point de vue de l'iconographie chrétienne au Moyen-Age, un curieux mémoire de M. Godart-Faultrier, lu, en 1871, au Congrès archéologique d'Angers.

Dans son *Guide de Saint-Dié et des environs* (2ᵉ éd., p. 21) Aug. Stegmüller a donné très justement l'explication de la sculpture de notre cathédrale : « On sait, dit-il, que la Sirène est l'emblème de la séduction », Les poissons qui la suivent symbolisent le Sauveur. Et il ajoute en note : « Les cinq lettres du mot grec ΙΧΘΥΣ poisson, forment l'anagramme de ΙΗΣΟΥΣ ΧΡΙΣΘΟΣ, ΘΕΟΥ ΥΙΟΣ, ΣΩΤΗΡ, Jésus-Christ, fils de Dieu, sauveur. »

En rendant compte, en 1888, dans les *Annales de l'Est*, du treizième Bulletin de la « Société philomatique vosgienne », le Professeur Ch. Pfister conseille à Gaston Save « de tenir en bride son imagination ». Save n'a pu, dans la circonstance qui nous occupe, se laisser persuader par l'explication si simple et si claire donnée par Stegmüller. Il a imaginé que la Sirène déodatienne était une *Merlusse* (*Merluche* ou *Mélusine*), datant du XI° siècle, époque où la seigneurie de la Merlusse était une des plus importantes du Chapitre. Il fait de cette *Merlusse* qui, d'après lui a donné son nom à un ancien fief du Val-de-Galilée, une sorte de « Mélusine vosgienne », et il brode à ce propos une légende qui, nous le craignons bien, n'a jamais existé que dans son imagination d'artiste. » Cette « légende, dit-il (*L'Ancien Saint Dié* p. « 35), a pris naissance dans les apparitions « accompagnées de cris de *harpies*, que l'on « disait avoir lieu dans la vieille tour de la « Varde de Wisembach, qui domine la « Haute-Merlusse et dont on voit encore « les restes. »

Il est ici fait allusion, sans doute, à l'ancien château de Feste, qui défendait le col de Sainte-Marie-aux-Mines, et servait autrefois de tour de garde (*wachthurm*) et de bureau de péage pour tout ce qui entrait ou venait d'Alsace. On trouve ce péage mentionné sous le nom de « péaige dou Beffroi » dans une charte de Ferry III, duc de Lorraine, du 2 mai 1290. Dans cette tour, comme dans tous les vieux castels — et Dieu sait s'ils étaient nombreux dans les Vosges, — l'imagination populaire a dû faire apparaître des fantômes et des dames blanches. Mais que celle qui revenait à Châtel-sur-Feste ait été tout spécialement désignée, par les anciens habitants de la vallée de la Fave, sous le nom de *Merlusse* ou *Mère-Lusse*, c'est ce que nous ne saurions admettre. Il paraît qu'il existerait, à l'appui de cette tradition, une toute vieille légende, rimée en vieux français, dont nous avons lu quelques bribes citées par Save, qui n'en a jamais fait connaître l'origine. On est en droit d'en contester, jusqu'à preuve du contraire, l'authenticité. Elle semble même n'être qu'un pastiche, assez bien fait, du reste.

Voyons maintenant ce que signifient ces noms de *Merlusse* et *Merluche*. Le dernier, d'après le *Dictionnaire* de Littré, « se donne, en général, aux poissons du « genre gade, après qu'ils ont été desséchés au soleil, et particulièrement à la « morue sèche. Poignée de merluches, se « dit de deux merluches liées ensemble. » Ce ne peut être cela. Passons à l'autre nom, celui de *merlusse*, et voyons quelle doit en être l'étymologie, en prenant pour guide — et on n'en saurait avoir de meilleur — la *Topographie ancienne du département des Vosges* du Dr A. Fournier (2e fasc., p. 106).

Merlusse, Murlusse, Merluce, les Merlusses, telles sont les variantes du nom d'un hameau dépendant de la commune de Lusse, arrondissement de Saint-Dié ; il est composé de la racine *mer* et *lusse*.

Merum est un mot bas-latin qui désignait une terre, un district, une conces-

sion de terres. Or, le ban de Lusse se décomposait en un assez grand nombre de divisions que nous n'avons pas besoin d'énumérer ici. Ces divisions formaient autant de *merum* ou portions de terre de Lusse, d'où Merlusse, et c'est pour cela que d'anciens textes de 1466 disent *Menue Lusse* pour *Merlusse*, c'est-à-dire des *petites* ou *menues Lusses*.

Il n'est donc pas possible de faire dériver le nom que G. Save donne à une ancienne seigneurie du Chapitre de la très problématique apparition de la tour de la Varde.

G. Save aurait-il voulu faire venir *Merlusse* de *Mélusine* ou *Mère-Lusine*, ou bien encore, selon le Dr Léo Desaivre, de *Mater Lucinia*, la Diane mythologique considérée comme la dèesse présidant aux accouchements ? Nous ne savons. Dans tous les cas, cela ne nous parait guère probable, attendu que le fameux roman de Jehan d'Arras qui a fait connaître, en le vulgarisant, le nom de *Mélusine*, date de 1394, tandis que le nom de *Lusse*, d'où vient évidemment *Merlusse*, était déjà formé en 1284, et très probablement, auparavant.

Le même auteur, énumérant les maisons historiques de Saint-Dié, cite dans la Grande Rue — rue Thiers — l'Hôtel de la Poste comme étant l'ancien *hôtel de la Merlusse*, parce que, dit-il, « il servait de résidence aux propriétaires de cette seigneurie, située près de Lusse. » Il y aurait eu, d'après lui, les restes d'une *Merlusse*, sculptés à la clef de voûte de la porte cochère. Malheureusement, cela ne se peut plus vérifier, car à l'heure qu'il est, la pierre qui portait ces restes de sculpture, extrêmement frustes et indistincts, a été retaillée à neuf tout récemment.

Mais de ce que la maison n° 32 de la rue Thiers ait été une propriété du Chapitre jusqu'en 1551, puis celle de Claude de Jussey et de ses successeurs, comme seigneurs de Lusse en tout ou en partie, il ne nous semble pas qu'il y ait là le moindre rapport entre elle et la figure symbolique du chapiteau de la cathédrale. Celle-ci ne représente ni une *Merlusse* être fabuleux, qui n'a jamais existé que dans la féconde et brillante imagination d'un artiste de talent, et encore moins *Mélusine*, ainsi que nous allons le démontrer.

II

La Sirène était une *femme-poisson;* Mélusine est une *femme-serpent.*

La différence est grande, on en conviendra, et l'on ne conçoit pas qu'il ait pu y avoir confusion, à plus forte raison identification.

La légende de Mélusine est connue. C'est une sorte de fée, d'origine celtique, fille d'Elinas, roi d'*Albanie*, nom qui, en langage héroïque, désigne l'Ecosse ! En expiation d'un grave manquement à l'égard de son père, elle fut « tous les « samedis serpent dès le nombril en « abas. » En la punissant d'une aussi cruelle manière, sa mère Pressine, dont elle était l'aînée de trois filles et la plus intelligente, lui avait dit : « Se te treuves

« homme qui te veuille prendre en es-
« pouse et qu'il te promette que jamais
« le samedi ne te verra, ne descélera, ne
« révèlera ou dira à personne quelconques,
« tu vivras ton cours naturel et morras
« comme femme naturelle, et de toy
« sortira moult noble lignée, qui sera
« grande et de haulte proesse ; mais, par
« adventure, si tu étais descélée de ton
« mary, saches que tu retourneroyes au
« tourment auquel tu estoies par avant,
« et sera tousjours sans fin jusques à tant
« que le très hault juge tiendra son juge-
« ment, et toy apparaitra par trois jours
« devant la fortresse que tu feras et que
« tu nommeras de ton nom, quand elle
« devra muer seigneur, et par le cas
« pareil aussi quand un homme de la
« lignée devra morir. »

Mélusine se maria. Elle eut pour époux
un prince charmant du nom de Raymond,
fils du comte de Forez et d'une comtesse
de Poitiers. Elle lui révéla son secret, et
lui, en amoureux passionné, lui jura tout
ce qu'elle voulut, c'est-à-dire de ne jamais

essayer de la voir le samedi, ni de s'enquérir du lieu où elle se trouverait ce jour là.

La voilà donc l'épouse du comte Raymond, dont elle va désormais inspirer les actions et rendre heureuses toutes les entreprises. Elle commença par fonder le château de Lusignan, puis il lui naquit beaucoup d'enfants.

Mais, comme dit le proverbe, il ne faut jurer de rien, surtout quand il s'agit du fruit défendu. Tôt ou tard, on succombe à la tentation. Ainsi fit le sire de Lusignan qui, arrivé presqu'au terme de sa carrière, malheureusement excité « à l'ire et à la jaleuzie » par les mauvais propos de son frère, se rendit à l'endroit où il savait que Mélusine allait toujours le samedi. « Il la
« vit qui estoit dans une moult grande
« cuve de marbre, où elle se baignoit et
« faisoit sa pénitence. Jusques au nombril
« elle estoit en signe de femme et paignoit
« ses cheveulx, et du nombril en bas en
« signe de la queue d'une serpente, et
« moult longuement débatoit sa queue en

« l'eaue, tellement qu'elle la faisoit bondir
« jusques à la voulte de la chambre. »

Le parjure accompli, la séparation devint forcée, et la pauvre Mélusine ne reprit plus jamais sa forme de femme. A partir de ce moment aussi, le chevalier Raymond déclina et les mauvais jours commencèrent pour la famille de Lusignan. Mélusine revint souvent visiter son château, et chaque fois qu'un malheur allait fondre sur sa maison, elle l'annonçait par des cris tellement aigus et lamentables « que chascun en plouroit de pitié, » et qu'actuellement encore, pour en caractériser de semblables, on se sert de l'expression : *pousser des cris de Mélusine.*

On a souvent raconté que parfois,
Pendant la nuit, Mélusine qui pleure,
En long serpent vient, sans bruit et sans voix,
Revoir encor son antique demeure.
Mais quand des maux s'élèvent menaçants
Sur sa famille ou bien sur sa patrie ;
Quand un grand homme ou l'un de ses enfants
Perd le bonheur ou va perdre la vie,
Peignant son trouble en d'horribles accents,
Du haut des tours, Mélusine s'écrie.

C'est ainsi que s'exprime un poème sur

la *Table ronde* pour parler des nocturnes apparitions et des avertissements sinistres de la serpente qui fut la tige des Lusignan.

Dans un roman de chevalerie de la fin du XIVe siècle, Jehan d'Arras conta cette histoire pour amuser Marie de France, duchesse de Bar, et sa famille. Ce fut lui qui popularisa surtout cette légende, et le nom de *Mélusine* se répandit tellement que l'on fit de la fée poitevine une pièce héraldique. On la représenta sur les blasons sous la forme d'une figure nue, échevelée, demi-femme et demi serpent, qui se baigne dans une cuve où elle se mire et se coiffe.

C'est de cette façon qu'elle est dessinée sur le frontispice qui accompagne le premier volume de l'intéressant ouvrage de M. Jules Baudot sur *les Princesses Yolande et les ducs de Bar*.

⁂

Mélusine n'a pas été la seule de son espèce. Nous connaissons encore la *Vouivre*, très populaire en Franche-Comté.

Sur le plateau de Haute-Pierre, non loin de la source de la Loue, on voyait quelquefois passer une autre Mélusine, un être moitié femme et moitié serpent. C'est la Vouivre. Elle n'a pas d'yeux, mais elle porte au front un de ces gros et étincelants rubis qu'on nomme escarboucle et qui la guide comme un rayon lumineux le jour et la nuit. Lorsqu'elle va se baigner dans les rivières, elle est obligée de déposer cette escarboucle à terre, et si l'on pouvait s'en emparer, on commanderait à tous les génies, on pourrait se faire apporter tous les trésors enfouis dans les flancs des montagnes. Mais il n'est pas prudent de tenter l'aventure car, au moindre bruit, la Vouivre s'élance au dehors de la rivière et malheur à celui qu'elle rencontre.

Dans son si gracieux chapitre sur la *Féerie franc-comtoise* (*Souvenirs de voyages et traditions populaires* ; 1841), Xavier Marmier nous raconte l'histoire de ce pauvre homme de Moustier qui avait, un jour, suivi la serpente de très loin. « Il l'avait vue, dit-il, déposer son escarboucle au bord de la Loue et plonger ses écailles de serpent dans la rivière. Il s'approcha avec précaution du bienheureux talisman ; mais à l'instant où il étendait déjà la main pour le saisir, la Vouivre, qui l'avait entendu, s'élance sur lui, le jette par terre, lui déchire le sein avec ses ongles, lui serre la gorge pour l'étouffer ; et n'était que le malheureux n'eût reçû le matin même la communion à l'église de Lods, il serait infailliblement mort sous les coups de cette méchante Vouivre. Mais il rentra chez lui le visage et le corps tout meurtris, se promettant bien de ne plus courir après l'escarboucle. »

Au temps des preux chevaliers, la *Vouivre* figura aussi dans les armoiries, sous la forme d'un serpent ondulé, appelé *Guivre*, *Givre* ou *Voivre*. C'est sous ce dernier nom qu'en parle le sire de Joinville quand il dit que « Monseigneur « Jehan d'Orliens portoit bannière à la « Voivre. »

***

La fée *Arie* est la Mélusine du Pays

d'Ajoie, l'ancien Elsgau. Elle diffère de la Vouivre en ce qu'elle n'est femme-serpent que dans des conditions soumises à sa volonté. La fée du Poitou le devenait chaque samedi, celle de l'Ajoie seulement quand il lui plaisait d'aller au bain. Elle porte aussi une escarboucle, comme sa compatriote franc-comtoise, mais ce n'est pas faute d'yeux comme elle, c'est comme parure, à la manière de ce que l'on a appelé une « féronnière. »

C'est à une assez courte distance de la localité que nous habitons depuis notre départ de Saint-Dié, dans le clair ruisseau qui sort d'une grotte située sous la vieille tour de Milandre, qu'elle aime à venir se baigner. Avant d'entrer dans l'eau, elle dépose sur le gazon la pierre précieuse qui orne son front, et, crainte d'accident, elle se change en Vouivre, dans le simple but d'effrayer les indiscrets ou ceux qui seraient tentés de s'emparer du joyau.

Nous ne nous appesantirons pas sur la bonne tante Arie : nous en avons déjà parlé dans nos *Miscellanées* (n° 5, 1897).

En terminant cette petite étude « archéologico-folkloriste » nous avons le devoir de dire que Gaston Save semble avoir compris qu'il avait été trop loin dans ses suppositions sur la *Merlusse-Mélusine*. Peu de temps avant la triste soirée où la mort interrompit si brusquement et si prématurément ses travaux, il avait écrit un chapitre descriptif sur le vieux Saint-Dié, pour l'ouvrage de MM. Franck et Fournier. Au sujet du chapiteau qui nous préoccupe, il dit d'une manière dubitative, cette fois : « une sirène en-« tourée de poissons qui est *sans doute* la « Merlusse ou Mélusine, » mais il continue à être aussi affirmatif quant à l'identification.

Nous croyons avoir suffisamment démontré qu'il n'y a aucune analogie et, par conséquent, aucune confusion possible entre *Merlusse* et *Mélusine*, et que c'est à tort que ce dernier nom a été attribué à une figure emblématique qui orne un des chapiteaux de la cathédrale de Saint-Dié. Cette rectification d'une assertion de Gaston Save due à sa trop féconde imagination d'artiste et à son trop vif penchant pour le paradoxe, était utile pour ne pas laisser subsister et s'accréditer quelque chose d'erroné. Il était un de nos amis, et personne plus que nous, n'a rendu un plus sincère hommage à ses multiples talents. Cette légère critique de détail ne diminue en rien la réelle valeur de son œuvre.

Amicus Plato, sed magis amica veritas.

Lafeschotte, 31 Août 1902.

LA LÉGENDE

DE

Saint Maimbœuf

Dans toutes les contrées, on trouve des légendes de Saints en plus ou moins grand nombre. C'est en les étudiant sérieusement et sans parti pris, en les dégageant du merveilleux dont elles sont imprégnées en s'appuyant sur des bases scientifiques et en s'aidant de l'érudition et de la critique que nous permettent d'employer les connaissances actuelles, que l'on parvient à dissiper un peu les épaisses ténèbres qui, presque toujours, obscurcissent nos origines historiques et à les percer de quelques rayons lumineux.

Pour voir tout le parti que l'on peut tirer de ces études hagiographiques, il faut lire les savants travaux de M. le Professeur Chr. Pfister, de l'Université de Nancy, sur les *Légendes de Saint-Dié et de Saint-Hidulphe*. et surtout son remarquable article sur *le Duché mérovingien D'Alsace et la Légende de Sainte Odile*. Les personnes désireuses de s'en convaincre n'auront qu'à les rechercher dans les six premiers volumes des *Annales de l'Est*.

Il y a donc dans la vie des Saints un côté sérieux, grâce auquel on peut pénétrer jusqu'au fond des origines et vérifier s'ils ont vécu d'une vie *historique* et non *légendaire*. Mais il faut, pour juger la valeur historique de leurs actes, un esprit critique peu commun, beaucoup de bons sens et d'impartialité, et, pour citer un second exemple, avoir toutes les qualités déployées par M. Arthur de La Borderie dans la partie de son *Histoire de Bretagne* qui traite des *Origines bretonnes*.

Si ces récits légendaires abondent dans

nos montagnes des Vosges, aussi bien du côté Lorrain que du côté Alsacien, ils sont loin de faire défaut dans le pays que nous habitons aujourd'hui et qui se trouve à la limite de l'Alsace, de la Suisse et de la Franche-Comté. Mais les saints d'ici n'ont pas le caractère de ceux de là-bas.

Tandis que dans les Vosges, ils allaient au fin fond des vallées les plus profondes chercher des endroits déserts pour y vivre loin du monde et s'y abîmer dans la prière et la contemplation, ceux de l'ancien Elsgau, au contraire, recherchaient des vallées larges et des régions habitées pour évangéliser et convertir des peuples encore barbares ou à demi-chrétiens.

On pourrait en quelque sorte, établir deux catégories de ces pieux personnages : les *contemplatifs* et les *propagandistes*.

Les premiers fuyaient la société pour la solitude, ne s'entourant que de quelques disciples dévoués, défrichant le sol, fondant des établissements religieux au milieu de populations très clairsemées et heureuses de suivre leurs travaux et leurs enseignements. D'abord ermites pendant un temps, ils menaient ensuite une vie cénobitique, relativement assez tranquille et mouraient au sein de leurs communautés, à un âge avancé et après avoir désigné à l'avance leurs successeurs. Tels furent le cas de Dieudonné, d'Hidulphe, de Gondelbert, de Romaric, qui vinrent fonder les monastères vosgiens de Saint-Dié, de Moyenmoutier, de Senones et de Remiremont.

Il n'en était pas de même des saints de l'Elsgau, Ceux-ci faisaient, en faveur de la foi chrétienne, une propagande des plus actives, parcourant des contrées très-peuplées, cherchant à convertir des populations déjà civilisées et d'autant plus rebelles aux nouvelles croyances qu'elles avaient sans elles conquis un état social remarquable. Aussi leur fallait-il vaincre des difficultés inouïes, parfois insurmontables et déployer un courage véritablement surhumain. Souvent, ils succombaient à la peine et payaient de leur vie l'ardeur de leur prosélytisme. C'est sous les coups d'assassins que périrent, jeunes encore et au cours de leurs tournées évangéliques, saint Germain et son compagnon saint Randoald, saint Dizier et son diacre saint Rainfroi, enfin saint Maimbœuf, le patron du pays de Monbéliard.

C'est de ce dernier dont nous voulons parler. Mais auparavant il nous faut dire ce que c'était que l'Elsgau, théâtre de ses prédications et de son martyre.

* * *

Le *pagus Alsgaugensis*, une des divisions territoriales de la Séquanie, comprenait ce que nous appelons encore le Pays d'Ajoie, le comté de Montbéliard, une partie de l'ancien bailliage de Baume-les-Dames, et la portion du Sundgau alsacien qui dépendait du diocèse de Besançon.

L'Ajoie proprement dite ou *Alsgaudia (Elsgaudia)* tirait son nom de l'Alle ou Allan (*Allanus* ou *Elsa*), rivière qui baigne ce pays, prenant sa source au village de Halle ou Alle, en Suisse, et se jettant dans le Doubs au dessous de Montbéliard près de Voujoucourt, après un cours de

46,500 mètres. Elle comprenait ce qui formait dans la suite les seigneuries de Delémont, de Porrentruy, de Delle, de Belfort et le comté de Montbéliard.

Les Romains conservèrent la division administrative en *pagi* : mais, plus tard, à cette expression de *pagus*, on substitua celle de *comitatus* ou *gau*. Ce dernier mot, d'origine tudesque, signifie *canton* ou *pays*.

L'Ajoie fit partie, avec tout le comté d'Elsgau, au temps de Childeric II, vers 670, des terres dont l'administration fut confiée à Ethicon, duc d'Alsace, qui parait en avoir été en même temps le principal propriétaire, C'est pourquoi nous verrons cette contrée gouvernée par Boron, fils de Batichon et petit-fils d'Etichon, par conséquent neveu de sainte Odile, la patronne de l'Alsace. Ce Boron y résidait souvent et avait choisi pour demeure la vieille cité séquanaise et gallo-romaine de Mandeure (*Epamanduodurum*), bien déchue alors de son ancienne splendeur, mais qui au VIIe siècle avait recouvré assez d'importance pour devenir la capitale de l'Elsgau.

Ce malheureux pays, placé à l'entrée de ce que l'on a appelé plus tard *la trouée de Belfort*, était le chemin obligé de toutes les invasions qui de la Germanie se ruaient sur les Gaules. Il suivit généralement la fortune du duché d'Alsace et du royaume d'Austrasie.

Comme les Burgondes et les Alamans, les Francs avaient occupé les campagnes de préférence aux villes. Du reste, les communications entre les différentes localités étaient faciles, grâces aux voies romaines et aux chemins secondaires qui sillonnaient l'Elsgau. Les villages étaient assez nombreux et, en dehors de la ville de Mandeure, on pouvait compter, dans notre coin de l'Ajoie, mais sous des noms qui ne sont pas parvenus jusqu'à nous, Audincourt, Beaucourt, Dampierre-les-Bois, Morvillars, Bourogne, Allenjoie. Cette dernière localité est la seule dont nous connaissons le nom ancien d'*Alsgaudia*

vicus, d'après deux tiers de sous d'or qui y furent frappés à l'époque mérovingienne. Ce nom semblerait indiquer que le village d'Allenjoie était alors le chef-lieu de la région.

Depuis longtemps, les populations romano-burgondes et franques du pays avaient embrassé le Christianisme, mais d'une manière lente. Au IX° siècle, cette religion n'avait pas encore pu déraciner entièrement l'ancien culte, mélange des diverses croyances importées par les Celtes d'abord, par les Romains ensuite, et en dernier lieu par les peuples de la Germanie. Pendant que les uns restaient encore adonnés aux pratiques du paganisme, les autres, bien que chrétiens, étaient livrés à des doctrines hérétiques, c'est-à-dire entachées des erreurs d'Arius et de Photin. Ils n'en avaient pas moins bâti quelques églises, mises pour la plupart sous le vocable de l'apôtre saint Pierre ou de saint Martin, le célèbre thaumaturge grand destructeur d'idoles. C'est ainsi qu'il y avait, depuis fort longtemps, sur un des premiers plateaux jurassiques entre Delle et Beaucourt, un oratoire dédié à saint Martin, et un autre à saint Pierre à Dampierre-les-Bois, localité distante d'environ deux kilomètres de Lafeschotte, notre résidence actuelle.

Il fallait à ces paysans (*pagani*) demi-païens ou hérétiques, pour adoucir leurs mœurs grossières, les débarrasser de l'arianisme dont ils étaient imbus, et les ramener à la vraie Foi chrétienne, de nouveaux missionnaires, les éclairant, les sanctifiant par leurs vertus, leurs prières, leurs prédications et même par leur martyre.

Saint Maimbœuf fut un de ceux-là.

C'est sous le règne de Louis le Débonnaire (814-840) qu'un pèlerin nommé Maimbod (ou Maimbœuf) arriva dans l'Elsgau pour y ranimer la foi chrétienne, bien languissante alors. Il venait d'Irlande, de cette « Ile des Saints » qui était devenue, dès le VI siècle, une pépinière de pieux missionnaires et de moines civilisateurs. Sa dévotion était de visiter les tombeaux des saints, de vénérer leurs reliques et d'évangéliser les peuples. La langue humaine ne suffit pas pour louer sa patience inaltérable au milieu des privations qu'il éprouvait dans ses courses incessantes et ses continuelles pérégrinations ; pour vanter sa charité à partager avec les pauvres les aumônes qu'il recevait pour sa propre subsistance, et, ajoutent les Bollandistes dans leurs *Acta Sanctorum* (23 janvier), son courage à triompher des embûches du démon. Issu de parents nobles et riches, il avait reçu une bonne instruction (*erat clericus, divina pagina eruditus, Dei sapientia et spiritu plenus*) ; ses prédications avaient donc un irrésistible attrait. Après avoir parcouru diverses contrées, Maimbœuf parvint dans le comté d'Elsgau, où il reçut une cordiale hospitalité chez un noble seigneur Bourguignon, dont la légende ne donne ni le nom ni le lieu de résidence. Il y séjourna quelque temps, et quand il voulut partir, son hôte qui l'avait pris en affection à cause de ses bonnes manières et de ses connaissances variées, lui offrit des présents, qu'il refusa, ne consentant à accepter, par politesse, qu'une paire de gants (*tegumenta manuum quæ wantos appellant*). Qui aurait pu croire que ce modeste cadeau allait devenir bientôt la cause de sa mort !...

Le pieux voyageur arriva à Dampierre-les-Bois, village situé au milieu d'épaisses forêts (entre Delle et Montbéliard), où se trouvait, ainsi que nous venons de le dire, une chapelle dédiée à saint Pierre. Il y entra et resta plusieurs heures en prières, puis continua sa route dans la direction des montagnes des Vosges

Il paraît que ce village de Dampierre était habité par des gens mauvais, grossiers, propres à tout (*ad omne facinus prompti*), qui n'avaient de chrétien que le nom. Nous ne discuterons pas, avec Perreciot (*Disc. sur l'Elsgau*) et l'abbé Bouchey (*Rech. hist. sur Mandeure*, t. 1, p. 237) sur cette population ; était-elle autochtone ou formée d'éléments étrangers d'origine teutone ? On ne peut faire que des conjectures à ce sujet. Le fait est que certains de ceux qui la composaient, en voyant les gants que portait Maimbœuf, en conclurent qu'il devait être un personnage de distinction et riche. Ils résolurent de le dépouiller. Les mêmes convoitises qui avaient amené le meurtre des saints Dizier et Rainfroi, à quelques lieues de là et plus de cent ans auparavant, furent encore la cause de celui de saint Maimbœuf.

Une troupe de ces bandits attendirent le voyageur en dehors du village, et le suivirent à distance, en remontant la rive gauche de l'Allan et de son affluent la Bourbeuse ou rivière de Montreux, jusqu'à un endroit situé à une lieue et appelé *Kaltenbrunn* ou Froide fontaine, où coulait une source fraîche et limpide. Il s'y désaltérait quand les misérables se jettent sur lui, le frappent à coups de bâtons et de couteaux jusqu'à ce que mort s'ensuive. Ils veulent le voler, mais, dit la légende, « ne trouvant sur son corps

« que sa chair très pure (*nihil in eo præ-*
« *ter mundissimam carnem reperiunt*) et
« sa pauvreté très profonde, ils prennent
« la fuite, et comme s'ils recevaient déjà
« le châtiment de leur crime, leur fureur
« se change en folie et ils s'éloignent en
« hurlant à la manière des insensés. »

Bientôt, on accourt ; on reconnaît dans ce corps inanimé celui du missionnaire et on le transporte dans cette chapelle de Dampierre où il avait prié peu de temps auparavant avec tant de ferveur, et dans laquelle on lui donna une honorable sépulture.

Ceci se passait vers 840.

A peine le saint martyr était-il inhumé que de nombreux miracles se manifestèrent sur son tombeau, et même auprès de la source où il avait trouvé la mort. Des pèlerins vinrent en foule y prier et demander la guérison de leurs maux. La chapelle de Dampierre-les-Bois était insuffisante pour les contenir tous.

L'opinion publique réclamait un sanctuaire plus vaste et plus digne, quand, vers 910, un comte de l'Elsgau, ou de Montbéliard, suivant la légende, nommé Atson ou Atton, sollicita du pape la translation des reliques de saint Maimbœuf ou *Maimbode* de Dampierre à Montbéliard. On les plaça dans l'église du château (*ad castrum quod Mons Beligardæ dicitur*), qui, jusque là, avait aussi été sous le vocable de Saint-Pierre mais qui porta depuis le nom de Saint-Maimbœuf. Elles y restèrent jusqu'au moment de la Réformation, où elles furent dispersées et brûlées.

Telle est la légende du patron du Pays d'Ajoie. Elle est simple, comme on le voit, et complètement dénuée de merveilleux. Il n'en est pas de même de celle de saint Dizier (*s. Desiderius*), assassiné avec son diacre Rainfroi, sous le règne de Chilpéric II (715-720), sur le grand plateau du Grammont, à l'endroit où se trouve actuellement le village de Croix. Cette histoire légendaire, très intéressante, est émaillée de faits où l'extraordinaire se mêle au fantastique, et dont il y a encore des traces visibles et palpables sur une roche qui émerge du sol, au bord d'un chemin, et garde les empreintes de pas que l'on dit être ceux du diable et de saint Dizier.

Lafeschotte, 6 Novembre 1902.

BONNE ANNÉE !...

COUTUMES ET CHANSONS

Je n'entendrai plus désormais les roulements des tambours et les sonneries des clairons des sapeurs-pompiers résonner dans les rues de Saint-Dié et annoncer, dès l'aube, l'avénement d'une nouvelle année. Combien je regrette ces aubades !.. J'étais si habitué, depuis près d'un demi-siècle, à ce sonore avertissement, de bon augure pour les uns, bien grave pour ceux dont les années commencent à être comptées.

Autres pays, autres coutumes.

Ce sont des chansons et des airs de musique qui dans le village où je suis, viendront frapper mes oreilles, le soir de la veille du 1ᵉʳ janvier.

Qu'il pleuve, qu'il vente, qu'il neige, par quelque température que ce soit, les enfants se rassemblent par petites bandes bruyantes et rieuses. Les unes après les autres, elles viennent à la porte des maisons chanter des vieilles chansons de *Bon An*. Ils ne cessent que quand on leur a donné quelque chose : des noix, des noisettes, des pommes, des oranges, des *nailles* ou dragées et, chez les personnes aisées, des sous.

Il faut entendre tous ces mioches, petits et grands, chanter, de leurs voix claires et flutées, ces vieux airs, sur le ton lent, plaintif et d'allure assez rustique qu'ont d'habitude les mélodies campagnardes.

Quant à la prosodie, il n'en faut pas chercher dans les paroles. Presque toujours la rime est loin d'être riche, quand elle n'est pas absente ; on se contente d'assonances.

Voici celle qui se chante le plus souvent ici :

Chers Chrétiens, je vous souhaite
Une bonne nouvelle année,
Une année bien à votre aise
Remplie de prospérités.

Chrétiens, ne soyez pas chiches
De vos biens à nous donner
Nous en serons tant plus riches
Et boirons à votre santé.

Si vous donnez quelque chose
Aux chanteurs du nouvel an,
Aussitôt on se propose
De vous faire le remerciment.

Mais aucune ne vaut la chanson patoise du *Bon an*, qui était déjà vieille en 1662. Elle est très populaire dans tout le pays de Montbéliard, et se chante aussi, avec quelques variantes, dans ceux de Belfort et de Porrentruy. Comme elle est un peu longue, je me bornerai à en citer un certain nombre de couplets :

Voici lou bon an qu'a veni
Que tout lou monde a redjoyi
Atant lie grands que lie petets.

Refrain
Due vos boutai tant bouènne onnaye
Tant bouènne onnaye que vos souhaitai.

Tschampaï (jetez) nos de vos etchalons (noix)
Que sont pês dedans vos mazons.

Tschampai nos de vos bons toutchai (gâteaux)
Que sont paitris à bian laissai (lait).

Tschampai nos de vos bons tjambons
Que sont pendus ai vos bâtons.

Copai à lai (lard) sans rededjai (regarder)
Mais prentes vadje (garde) de vos côpai.

Tshampai nos lou pô tout entie,
Lie du oroilles, lie quatre pie.

Lai poignie d'ordgent sans comptai,
Mais prentes vadje de vos trompai.

Due benisse cette mazon
Et tos les dgens qui dedans sont.

Lou chir (maître), ses bés gôchons (garçons),
Ses bell'gaichottes (filles) tout di long.

Si vos ne vliaies ren nos tschampai
Ne nos laichie pé erratai.

Nos an les pie tout edjolai,
Et lai bairbe tôte djivrai (givrée).

*
* *

Nous sommes ici dans un village peuplé presqu'exclusivement d'ouvriers, dont beaucoup sont étrangers au pays. C'est plutôt une vaste cité ouvrière que la *Cité des Boulaies*, créé il y a à peine cinquante ans sur un versant du vallon de la Feschotte auparavant planté de bouleaux. On n'y trouve donc pas toutes ces anciennes coutumes, ces vieux usages qui sont restés vivaces dans les vrais villages de cultivateurs et de paysans.

C'est ainsi que dans l'Ajoie, à la veille du Nouvel an, les garçons se réunissent en troupe et, précédés d'une musique composée généralement d'une clarinette, d'une trombonne, un cornet à piston, parfois un violon, se présentent devant chaque maison, coiffés d'un bonnet de coton ou *casque à mèche*, entonnent *lou Bon an*, jouent un air de danse, puis entrent dans la maison et font danser les filles. On leur donne des œufs, des saucissons, ou *andouilles*, du vin, même de l'argent, et le lendemain, ils se retrouvent dans une auberge où ils font un bon repas, suivi d'un bal où *gôchons et diaichottes* s'en donnent à cœur-joie.

A Montbéliard même, il n'y a pas bien longtemps, on célébrait encore joyeusement le passage d'une année à l'autre. « Dans la nuit du 31 décembre au 1er janvier, dit Cl. Duvernoy, dans son *Montbéliard au dix-huitième siècle*, la population en liesse courait la ville, en dépit du froid et de la neige, chantant la chanson patoise du *Bon an* et s'arrêtant devant les maisons des amis et des connaissances. La porte s'ouvrait à minuit sonnant ; on s'embrassait gaiment en buvant du vin blanc pour se réchauffer un peu, on cassait des noix, parfois même on mangeait une tranche de jambon ou un bout de saucisse avec du pain frais ; et c'est ainsi que dans les beaux temps chaque année commençait, pour nos bons aïeux, joyeuse et bruyante. »

*
* *

Je ne sache pas qu'à Saint-Dié il y ait, pour le nouvel an, de semblables chansons, Il doit pourtant y en avoir, et si le respectable chanoine Hingre était encore de ce monde, il nous renseignerait à coup sûr sur ce sujet, qu'il connaissait si bien et dont il a donné, dans les Bulletins de notre *Société philomatique* de si curieux spécimens.

Il est grand temps de recueillir ces épaves du passé. Les vieilles chansons patoises, qui s'oublient et disparaissent de jour en jour, rappellent les us et coutumes d'autrefois, rêflétant la vie intime de nos pères à laquelle elles nous initient. Elles nous révèlent quelque chose de l'âme populaire. Le patois subit le même sort, et comme le dit l'abbé Rousselot dans la *Revue des Patois gallo-romans*, « chaque année qui s'écoule emporte avec elle des sens, des constructions, des mots dont la perte est irréparable.

Une de ces chansons traditionnelles a cependant été conservée dans la vallée de la Haute-Meurthe, du côté de Fraize, ainsi que dans celles de la Moselotte et de la Haute-Moselle, mais il parait qu'on ne l'entend plus guère aujourd'hui que fredonnée par de vieilles gens. Du reste, elle est en français et son intérêt au point de vue linguistique est bien diminué.

La voici, d'après L. F. Sauvé (*Le Folklore des Hautes-Vosges*) :

>C'est aujourd'dui le nouvel an :   (bis)
>Je vous souhaite une bonne année
>Et une parfaite santé.
>*Refrain*
>Et une heureuse année,

Et une parfaite santé,
Et toutes sortes de prospérités.　　(*bis*)

Que Dieu bénisse votre maison　　(*bis*)
Et tous les gens qui sont dedans,
Les petits comme les grands !

Que Dieu bénisse votre cave　　(*bis*)
Et tout le vin qu'il y a dedans,
Le rouge comme le blanc !

Que Dieu bénisse votre écurie,　　(*bis*)
Les animaux qui sont dedans,
Les petits comme les grands !

Que Dieu bénisse votre jardin,　　(*bis*)
Et tous les fruits qui sont dedans,
Les petits comme les grands !

Le pays de Saint-Dié semble être moins riche, en ce qui concerne les us et coutumes du Nouvel An, que ceux du Montbéliardais et de la Franche-Comté. Mais il est vrai de dire qu'il n'a pas été, comme ceux-ci, étudié par des Viénot et des Beauquier.

C'est un sujet qui pourrait tenter quelque folkloriste vosgien, mais qu'il se dépêche pendant qu'il y a encore des villageois de la vieille roche. Bientôt peut-être ne sera-t-il plus temps.

Lafeschotte, 22 *Décembre 1902.*

MADAME
Jacques DELILLE
Née VAUDECHAMP
(1772-1831)

S'il existe à Saint-Dié une rue *Jacques Delille* c'est que ce célèbre poète n'y est pas inconnu.

On sait, en effet, qu'il a séjourné dans notre ville pendant les plus mauvais jours de la Révolution, et que s'il avait choisi pour retraite ce joli coin des Vosges c'est parce que sa femme y était née. On sait, également que celle-ci se nommait Marie-Jeanne Vaudechamp et qu'elle était originaire de Mandray, village du canton de Fraize.

Voilà à peu près ce que l'on sait communément de Madame Delille dans son propre pays.

Un article, paru tout récemment dans la *Revue de Saintonge et d'Aunis* (livr. de Janvier 1903), dû à M. Louis Audiat et intitulé : *Un poète oublié*, nous fournit l'occasion de faire connaître à ses compatriotes cette femme que le poète a associée à sa gloire et sur laquelle les jugements de ses contemporains sont contradictoires.

**

Lorsqu'au printemps de l'année 1784, le comte de Choiseul-Gouffier repartit, comme ambassadeur de France à Constantinople, il voulut que Jacques Delille, son ami et collègue à l'Académie française, l'accompagnât. Le poète brûlait du désir de voir et de connaître la Grèce, dont le beau climat et le beau soleil semblaient avoir fécondé le génie d'Homère. Dans le cours du voyage, il obtint de relâcher au rivage d'Athènes, Ce fut pour lui un grand bonheur de voir de près, de toucher de ses mains les monuments de l'antique cité. Après avoir passé l'hiver et presque tout l'été suivant à Constantinople, Delille revint en France par le chemin des écoliers.

Il traversa toute l'Allemagne et rentra dans sa patrie par Metz. Là, il vit, dans l'hôtel où il logea, une fille, disons plutôt une fillette, dont le joli minois, l'air éveillé et intelligent, le caractère aimable et gai lui plûrent singulièrement, mais ce qui le captiva le plus ce fut la voix, qui était ravissante. Ce n'était pas une beauté dans la véritable acception du terme, mais elle était fort bien de figure et avait ce que l'on appelle la « beauté du diable », qui fait trouver charmantes les femmes qui ne sont qu'à moitié belles. En somme, c'était une enfant, car elle n'avait pas encore quatorze ans, mais en paraissait davantage. Elle se nommait Marie-Jeanne Vaudechamp, née en 1772 à Mandray, au Val-de-Galilée ou de Saint-Dié, dans les Vosges. Son père était le maître d'école du village.

C'est donc à Metz, en Lorraine, et non pas à Stuttgart, comme on l'a dit, qu'eut lieu la première rencontre de l'abbé et de la petite servante. Qu'aurait été faire cette jeune paysanne dans la capitale du Würtemberg, si loin de ses montagnes, seule, à un âge aussi tendre ? L'invraisemblance est ici flagrante.

Marie-Jeanne se laissa volontiers aller à faire ses petites confidences à M. l'abbé, dont l'air respectable, car il frisait la cinquantaine, lui inspirait confiance. Il apprit d'elle qu'après la mise à la retraite de son père, elle vint habiter, avec ses parents, la ville de Saint-Dié. Sa franchise, sa gaité exubérante, comme elle est à cet âge, lui donnaient certaines allures de légèreté qui heurtaient la rigidité des mœurs de sa famille et lui attiraient souvent les remontrances et les gronderies de sa mère. On la traitait de « coquette » épithète qui, au village, est considérée presque comme une injure, bien qu'elle n'exprime réellement que le désir, assez naturelle à une jeune et jolie fille, de se parer et de plaire. Lasse de ces reproches journaliers, elle avait quitté la maison paternelle, et s'était placée, en qualité de domestique, à Nancy, puis, quelque temps après comme chambrière, à Metz, dans l'hôtel où elle était depuis quelques mois.

De plus en plus épris de sa gentillesse, de sa bonne tournure, et surtout de sa belle voix, Delille lui proposa d'entrer à son service et de le suivre à Paris ; elle accepta. Elle avait reçu de son père un commencement d'instruction, qui, avec de l'esprit naturel, laissait entrevoir qu'il serait facile de réussir dans la culture de ses dispositions. La suite le prouvera.

Ce n'était donc pas, comme l'a dit encore l'article que nous venons de citer, « une fille sans beauté et sans éducation. »

Il l'emmena donc et l'installa dans l'appartement qu'il avait au Collège de France, où il occupait la chaire de poésie latine.

Comme elle était très loin d'avoir l'âge canonique pour être la gouvernante d'un abbé, il la fit passer pour sa nièce.

« Quand on choisit ses nièces, dit un jour à Delille cette méchante langue de

Rivarol qui, paraît-il, avait eu à s'en plaindre, on devrait mieux les choisir. »
Le comte de Montlosier raconte qu'il vit cette nièce en Auvergne et ajoute que personne ne se méprenait sur la nature de cette nouvelle parenté.

Quoiqu'il en soit, avec sa voix charmante et son goût pour la musique, elle fut si aimable, si bien dans ses intérêts, montra une si grande noblesse de sentiments que, plus tard, de sa nièce le poète fit sa femme.

Très amoureux d'elle, il en a plus d'une fois parlé dans ses ouvrages. Dans son poème de *l'Imagination* commencé en 1785, pendant son séjour en Turquie, et terminé en 1794, il trouve le moyen, tout en vantant une célèbre marchande de modes, de glisser un mot galant à sa maîtresse :

Aussi, dans un amas de tissus précieux,
Quand Bertin fait briller son goût industrieux,
L'étoffe obéissante en cent formes se joue,
Se développe en schall, en ceinture se noue,
Du pinceau, de l'aiguille emprunte ses couleurs,
Brille de diamants, se nuance de fleurs,
En longs replis flottans fait ondoyer sa moire,
Donne un voile à l'amour, une écharpe à la gloire ;

Ou, plus ambitieuse en son brillant essor,
De l'aimable Vaudchamp va s'embellir encor.
L'IMAGINATION, Chant Ier.

Il est bien entendu que le nom de *Vaudechamp* est ainsi orthographié en vertu d'une licence poétique nécessitée par la mesure du vers.

※

Dans cet espace de près de dix années, de 1785 à 1794, bien des évènements s'étaient accomplis, et Mademoiselle Vaudechamp était devenue Madame Jacques Delille.

Elle avait si bien réussi à chasser les chagrins du poète, déjà menacé de cécité ; s'était tellement associée à toutes ses peines, et parfois même à ses travaux ; ses soins assidus lui avaient été d'un si grand secours pour la composition et la publication de ses ouvrages, qu'il avait acquitté envers Mlle Vaudechamp la dette de la reconnaissance ; il lui avait donné son nom.

Ce fut à Londres, vers 1790, que Delille se maria. Il le pouvait, bien qu'ayant reçu les ordres mineurs, juste ce qu'il fallait pour prendre le titre d'abbé avec le petit collet et jouir, de par le comte d'Artois, son protecteur, du bénéfice de l'abbaye de Saint-Séverin, au diocèse de Poitiers, qui ne rapportait pas grand'chose. Néanmoins, par précaution et pour être en paix avec sa conscience, il avait demandé et facilement obtenu une dispense.

Il avait adressé un petit madrigal à Mlle Vaudechamp dans le chant premier de l'*Imagination* ; il dédia le poème entier à Madame Delille.

Voici les premiers et les derniers vers de l'épître dédicatoire.

O toi, de tous les biens le plus cher à mon cœur,
Qui m'adoucis les maux, m'embellis le bonheur ;
Dont la raison aimable et la sage folie,
Quand du crime légal les sanglants attentats
Jetaient autour de nous les ombres du trépas,
  M'ont tant de fois dans ma mélancolie,
Consolé de la mort et presque de la vie !
    Reçois l'hommage de ces vers,
Douce distraction de mes chagrins amers.
    A qui de mon plus cher ouvrage
  Plus justement pouvais-je offrir l'hommage ?
Le sujet t'avait plu, ma muse l'embrassa ;
    Et cet ouvrage commença
    (Que cette époque m'intéresse !)
Le jour même où pour toi commença ma tendresse :

Ce jour, un seul regard suffit pour m'enflammer ;
Car te montrer c'est plaire, et te voir c'est t'aimer.
    Oh ! par combien de douces sympathies.
    Nos âmes étaient assorties !
    Pour le malheur même pitié,
    Même chaleur dans l'amitié,
    Pareil dédain pour la richesse,
    Pareille horreur pour la bassesse ;
Mêmes soins du présent, même oubli du passé,
    Dont bientôt de notre mémoire   [gloire
Tout, hormis tant d'amour, peut être un peu de
    Va pour jamais être effacé.

. . . .

    Mais je n'ai plus ces sons touchans
Qu'embellissait encor ta voix enchanteresse !
. . . .
. . . .

Moi je n'aspire plus qu'à la tranquillité
    De la rustique sépulture
    Où doit bientôt à la nature
    Se rendre ma fragilité.
    Toi, viens me voir dans mon asile sombre !
Là, parmi les rameaux balancés mollement,
La douce illusion te montrera mon ombre
    Assise sur mon monument ;
    Là, quelque fois, plaintive et désolée,
Pour me charmer encor dans mon triste séjour,
Tu viendras visiter au déclin d'un beau jour,
    Mon poétique mausolée ;
Là tu me donneras, en passant, un soupir
Plus doux pour moi qu'un souffle du zéphyr ;
    Par toi ces lieux me seront l'Elysée,
Le ciel y versera, sa plus douce rosée ;
    Et, si jamais tu te reposes

Dans ce séjour de paix, de tendresse et de deuil,
　Des pleurs versés sur mon cercueil
Chaque goutte, en tombant, fera naître des roses

Quelle voix sympathique et charmeuse pouvait donc avoir cette sirène pour que le poète y revienne si souvent, car, dans la même épître, il lui dit encore :

Dans ma retraite ténébreuse,
Si tu m'aimas, viens quelquefois
A ma tombe silencieuse
Faire ouïr cette douce voix,
Dont la grâce mélodieuse
Et la justesse harmonieuse
Rendront jaloux les Amphions des bois.

En 1803, dans son poème de *la Pitié*, Delille s'adresse de nouveau à sa femme :

O toi l'inspiratrice et l'objet de mes chants,
Qui joins à mes accords des accords si touchants,
Hélas ! lorsque mes yeux appesantis par l'âge
S'ouvrent à peine au jour, plus d'un charmant
　　　　　　　　　　　　　　　[ouvrage
Etait perdu pour moi : mais a ma cécité
Ta secourable voix en transmet la beauté.

***

Du temps qu'elle était encore la nièce de M. l'abbé, Mme Delille connaissait tout le prix de l'argent. Ce fut elle désormais qui régla les affaires de la maison. Siguet et Michaud, libraires à Paris, avaient un traité avec le poète pour tous ses ouvrages ; ils payaient, disait-on, six francs par vers, bon ou mauvais. Il nous semble que c'est beaucoup, et c'est à peine si nous pouvons le croire. Ils donnaient en plus trente sous à la demoiselle. Comme elle avait intérêt à ce que le revenu ne diminuât pas, elle imposait au poète, d'après ce que racontaient certaines gens se disant bien informées, un nombre déterminé d'hémistiches par jour, trente vers au moins avant de se lever, puis le plus possible pendant le restant de la journée. Parfois, elle l'enfermait jusqu'à ce qu'il ait fini sa tâche : « Allons, M. Delille, il faut battre monnaie ». — « Oui, ma chère, répliquait-il tout bonnement, mais quand on frappe trop souvent cette monnaie, elle passe pour faussée. »

Jacques Dellille avait été un de ces abbés de cour et de salon, très recherché et dont les succès mondains étaient connus, bien qu'il fut laid. Une petite fille disait de sa figure « qu'elle était toute en zigzag ». En effet, en voyant son portrait en frontispice de ses *Œuvres* (Paris, Furne, 1833), il est impossible de n'être pas du même avis que celui qu'exprimait cet « enfant terrible ». Mais il avait une physionomie si mobile, si expressive, des yeux si vifs, qu'on n'avait pas le temps de s'apercevoir de sa laideur.

On conçoit combien ce mariage, disproportionné sous tant de rapports, excita de réflexions plus ou moins malveillantes, de quolibets et de propos, quelquefois spirituels, le plus souvent moqueurs. Les anecdotiers eurent beau jeu. C'était à qui renchérirait le plus en parlant de Mme Delille qui, d'après eux, était restée Mlle Vaudechamp. Le poète planait au-dessus de tout cela. Il trouvait en elle un dévouement à toute épreuve, un appui solide et sûr, une collaboratrice avisée et de bon conseil. On la disait avare : elle était économe, comme doit l'être toute bonne ménagère.

Peut-être se ressentait-elle un peu des habitudes parcimonieuses des gens de la campagne parmi lesquels s'était écoulée son enfance. C'était elle enfin qui, dans le ménage, « portait les culottes ». Est-ce donc chose si rare de par le monde pour s'en gausser si fort et emboucher toutes les trompettes de la Renommée pour la claironner à la postérité ?

※※

Quoique appartenant à l'école philosophique qui régnait alors, Jacques Delille tenait par trop d'affections et de liens au régime existant pour que la Révolution lui inspirât de l'enthousiasme. Privé d'abord du modeste bénéfice de son abbaye de Saint-Séverin, il vit ensuite sa fortune s'évanouir. Il s'en consola en faisant des vers charmants sur *la Pauvreté*. Sa femme supporta courageusement les mauvais coups de la Fortune. Ils vécurent pauvres, isolés, pas assez pourtant pour qu'en pleine Terreur Robespierre et ses amis ne se souvinssent de lui. Ils vinrent lui demander une *hymne à l'Etre suprême*. Il refusa. Cela le compromit et lui attira l'animadversion du « vertueux » et tout puissant dictateur. Il prit peur, sentit la patience lui manquer et céda volontiers aux instances de sa femme, qui le conduisit dans les Vosges, au sein de ses montagnes natales, où l'on jouissait au moins d'une tranquillité relative. Ils se retirèrent à Saint-Dié, en 1794. Ils avaient, dans cette jolie ville, un parent éloigné, l'avocat Louis Febvrel, qui y occupait une belle situation, et dont un des ancêtres, établi à Bruyères, avait épousé une demoiselle Vaudechamp. La famille Febvrel-Phulpin accueillit avec empressement le poète fugitif et sa compagne et leur donna l'hospitalité dans un assez vaste pavillon, situé au milieu d'un beau jardin, presqu'à la campagne. Du seuil de cette demeure, du côté du couchant, on avait une superbe vue : la Côte Saint-Martin, dont les roches bizarres se profilent sur le ciel comme les tours ruinées d'un vieux château, l'entrée de la pittoresque vallée de Taintrux et les escarpements de la Montagne de la Madeleine. C'est dans cette solitude que Delille acheva la traduction de *l'Enéide*, qu'il avait commencé depuis trente ans. On montre encore, sur le versant nord de Saint-

Martin, près de l'ancienne ferme Salzmann, un tilleul sous lequel il aimait à s'asseoir pour écrire et méditer, en face d'un des plus splendides panoramas des Vosges.

On a donné, pour perpétuer le souvenir du séjour à Saint-Dié de l'illustre poète, le nom de *Rue Jacques Delille* à une rue voisine de l'endroit où se trouvait le pavillon qui l'avait abrité pendant les plus sombres jours de la Terreur.

Mais les sanglantes journées de ce régime abominable avaient réagi sur son moral; il se crut en butte aux poursuites d'ennemis supposés, et voulut à toute force quitter le sol même de sa patrie et fuir à l'étranger. Après un séjour d'une année à Saint-Dié, il passa en Alsace pour gagner la Suisse. Ce fut alors qu'il se réfugia, non pas à Bâle, comme le dit la *Biographie moderne*, mais dans une localité voisine, tout à proximité de la frontière, nommée Luppach, du nom d'un ruisseau qui se jette dans l'Ill, non loin de là. Il y avait un couvent de Franciscains, fondé en 1464 et abandonné depuis quelques années, qui lui offrit un logis confortable. Le petit ménage s'y installa à peu de frais, et s'y trouva bien ; le poëte y écrivit une partie de *L'Homme des Champs*. Se croyant sur la terre hospitalière de l'Helvétie, il avait recouvré le calme, la sérénité et la tranquillité d'esprit. Il y goûtait un bienfaisant repos, quand un beau jour il apprit, par hasard, que ce n'était pas en Suisse qu'il était, mais en Alsace, dans le département du Haut-Rhin, c'est-à dire toujours en France. Il est vrai que la Suisse était tout près ; il la voyait de ses fenêtres. Les autorités françaises connaissaient parfaitement sa présence au couvent, mais se gardaient bien de troubler sa quiétude. Ses craintes le reprirent ; cette fois, il franchit la frontière et se retira dans la délicieuse Ile Saint-Pierre, devenue célèbre par le séjour qu'y fit Jean-Jacques Rousseau !

Voyant que les révolutions et les troubles se succédaient sans interruption dans sa malheureuse Patrie, il passa en Allemagne, puis à Londres, et ne rentra à Paris qu'en 1801. Il y retrouva bientôt son fauteuil à l'Institut, où ses collègues de l'Académie française le rappelèrent avec joie, et au collège de France sa chaire de belles-lettres et de poésie latine, que Bonaparte lui avait conservé.

Pendant cet exil volontaire, jamais le dévouement de Madame Delille n'éprouva une ombre de défaillance ; sa patience fut inaltérable, et bien que plus d'une fois elle eut à faire contre fortune bon cœur, elle ne le laissa pas voir pour ne pas chagriner son mari. Elle retrouva avec bonheur son ancien appartement du collège de France. Elle n'avait jamais pu acquérir les maniè-res du monde et l'usage des salons. Il y avait toujours chez elle une franchise qui rappelait un peu la rudesse du montagnard vosgien. Mais c'était une si bonne, si obligeante personne !

Nous empruntons à la Notice précitée de M. Louis Audiat, qui, lui-même, les emprunte aux Mémoires de l'époque, quelques annecdotes amusantes sur le ménage Delille.

Il y avait un soir une lecture de Chateaubriand ; on s'aperçoit que Delille n'est pas là. Après quelque temps d'attente, Malouet et Lally-Tollendal vont le chercher ; il demeurait dans le voisinage ; ils le trouvent au lit : « Au lit ! mon ami, êtes-vous malade ? » — « Non pas », et il jetait des regards significatifs sur celle qui n'était encore que sa nièce. Celle-ci avait l'habitude de ne lui rendre sa culotte que la tâche accomplie. Delille, en véritable enfant, quoique travailleur, avait des moments de paresse, était en retard. Malouet pourtant obtint sa grâce : elle apporta le petit vêtement et il put se lever. Montlosier, qui raconte le fait, ne dit pas si le lendemain il dut, comme pensum, faire 60 vers.

On a dit que tant que sa femme avait été sa nièce, elle le ménagea, et qu'une fois mariés, elle le mena durement. Et l'on raconte qu'une fois elle lui lança à la tête un gros volume in-quarto. Delille le ramassa et très doucement : « Madame, dit-il, ne pourriez-vous vous contenter d'un in-octavo ? »

Chateaubriand, qui avait fréquenté le ménage en Angleterre, dit dans ses *Mémoires d'outre tombe* : « Delille besognait beaucoup, il le fallait bien, car Mme Delille l'enfermait et ne le lâchait que quand il avait gagné sa journée par un certain nombre de vers. Un jour, j'étais allé chez lui, il se fit attendre ; puis, il parut, les joues fort rouges. On prétend que Mlle Delille le souffletait, je n'en sais rien, je dis seulement ce que j'ai vu. » Mais Berryer, qui avait beaucoup vu le poète dans son intérieur, la défendait contre les méchancetés de la chronique : femme vulgaire, d'une franchise brusque, mais cœur excellent, très dévoué à son mari.

M. Charles Lacombe, racontant les *Premières années de Berryer* (1790-1816), rapporte ce joli trait sur l'intimité de Delille et de Michaud, qui étaient inséparables et se querellaient fort souvent : « Un jour, la discussion porta sur Virgile. Michaud affirmait que dans sa traduction de l'*Enéide*, Delille avait fait un contresens ; Delille soutenait le contraire. Le débat s'échauffait, Michaud propose de consulter le texte. Delille, un peu embarrassé, dit : « C'est que je crois bien que je n'ai plus de Virgile. Ah ! si, reprend-il tout-à-coup, j'ai une édition qui vient de paraître. Mais où peut-elle être ? » Ils cherchèrent ; impossible de mettre la main sur le précieux volume. « Pourvu, dit le poète, que Mme Delille ne l'ait pas porté à la cuisine ! » Les deux amis vont, en effet, s'en assurer ; ils trouvent, hélas ! les feuillets dispersés ; on s'en était servi pour envelopper des côtelettes ; mais ils ne peuvent découvrir le feuillet où était le vers, objet de la contestation. Tout en furetant, ils avisent un pot de confitures récemment faites. Elles avaient fort bonne apparence : « Il faut en goûter », disent-ils, et les voilà qui emportent les confitures au salon ; en les savourant, ils se consolent de leur déconvenue ! Mais bientôt Delille est saisi d'une inquiétude : Que dira sa femme ? En rentrant, elle cherchera ses confitures, comme ils ont cherché leur Virgile, et elle ne prendra pas aussi bien qu'eux sa mésaventure. « Certainement elle va se fâcher, dit le mari préoccupé, si nous allions faire un tour ? » Et les deux coupables s'esquivent pour éviter l'orage.

« La verve de son époux se traduisait pour elle en espèces sonnantes. Le poète, dans ses beaux jours, recevait cinq francs pour chaque vers qui sortait de sa plume. C'était plaisir de voir avec quel soin religieux Mme Delille guettait l'hémistiche flottant sur les lèvres de son mari, et quand il avait construit l'alexandrin, avec quelle dévotion elle le couchait sur le papier ! Mais, par malheur, le fécond versificateur avait l'humeur champêtre et, partant, vagabonde. Il s'agissait de fixer cet oiseau chanteur, toujours prêt à prendre son essor, sous peine de voir la moisson d'écus faiblir au bout de la journée. Pour cela, l'imagination de Mme Delille lui avait suggéré un moyen qu'elle croyait infaillible. Lorsqu'une affaire pressante l'appelait dehors, elle allait préalablement recueillir toute la chaussure de son époux et l'enfermait sous clef dans une armoire. Bien sûre qu'il ne pourrait sortir, elle lui déposait sur le front un baiser conjugal et s'éloignait en lui recommandant d'être bien sage.

« Mais, par un beau soir d'automne, Mme Delille était sortie après avoir pris cette précaution, et le poète s'était mis à la fenêtre, regardant les ébats de la foule joyeuse qui allait à la promenade. Toup-à-coup il aperçoit dans cette foule son vieil ami Parceval-Grandmaison et l'invite à monter. Parceval veut l'emmener au jardin du Luxembourg, mais Delille lui montre ses pantoufles, seules chaussures que sa ménagère ait daigné lui laisser. Parceval s'élance chez le cordonnier d'en face, et rapporte une paire de souliers où les pieds du poète auraient pu se promener, et qu'il chausse néanmoins, non sans avoir dit plusieurs fois : « Ah ! si Mme Delille le savait ! » Les voilà partis, mais ils ont la malchance de rencontrer Mme Delille sous les ombrages du Luxembourg ; elle les surprend dansant de joie, reproche à son mari de danser en plein air comme un baladin, et à Parceval de détourner un homme de son travail ! Parceval s'éclipse ; Delille reçoit une verte réprimande et se rend tête baissée au logis. A l'avenir, lorsque Mme Delille s'absenta, elle mit sous clef non la chaussure du poète, mais le poète lui-même. »

Voici pourtant un trait authentique ; c'est Pongerville qui le raconte : le comte Daru et Parceval-Grandmaison étaient allés rendre visite à leur confrère logé au Collège de France ; ils sonnent, en vain ils appellent. Delille reconnait leur voix : « Je ne puis ouvrir ; ma femme a emporté la clef ; elle va rentrer. » En effet, Mme Delille parut, le panier de provisions au bras, et les introduisit. Dans la conversation, il cita des passages de *Phèdre*. Elle, de fort méchante humeur parce qu'on empêchait son mari de travailler, lui dit à l'oreille mais d'un ton à être entendu : « Taisez-vous donc, ne voyez-vous pas que ce sont des voleurs de vers ; ils vont retenir les vôtres. » — « Eh ! ma chère, ils ne voleront que Racine », réplique Delille, vexé et confus.

Cette scène, ajoute Pongerville, peint bien la singulière éducation de la femme du grand poète. Mais cette femme au moins sentait, sous divers rapports, les devoirs que lui imposait le nom célèbre qu'elle portait : son respect pour la gloire de son mari ne se démentait jamais.

***

Ces anecdotes sont amusantes, mais ne sont-elles pas exagérées ? Heureusement, tout le monde ne pensait pas ainsi du petit ménage Delille. Voici la contre-partie, qui nous semble empreinte de plus de vérité. Nous la trouvons dans la notice sur *la Vie et les Ouvrages de Jacques Delille*, qui sert d'introduction aux Œuvres complètes du poète (Ed. Furne, 1833). P. F. Tissot, l'auteur de cette notice s'exprime de la manière suivante :

« Descendu de son petit Capitole (sa
« chaire de poèsie latine), Delille rega-
« gnait lentement ses modestes foyers où
« le dieu redevenait homme, c'est-à-dire

« sujet à des infirmités, et réduit, non pas
« à demander, mais à recevoir les soins
« de la plus constante sollicitude, car il
« ne pouvait faire un pas sans un guide,
« et céder sans péril aux mouvements de
« sa vivacité naturelle, qui l'eut facile-
« ment emporté jusqu'à oublier sa fai-
« blesse. Il trouvait auprès de lui celle
« qu'il appelait sa chère Dilette (sœur
« cadette de Mme Delille), et qui était
« vraiment son Antigone, puisqu'elle lui
« prodiguait des attentions filiales. De
« son côté, madame Delille montrait le
« plus vif empressement à prévenir les
« désirs et les besoins du poète en qui
« elle vivait tout entière. Douée d'une
« âme ardente et d'un caractère plein
« d'énergie, Madame Delille avait été la
« providence de son mari pendant les
« alarmes du règne de la terreur ; elle
« avait partagé les peines de ce cœur sen-
« sible et affligé par tant de pertes dou-
« loureuses ; elle l'avait accompagné dans
« ses voyages, et partout elle lui avait
« ménagé du repos, du silence, et une

« retraite que sa sévérité défendait com-
« me un asile inviolable contre les im-
« prudents visiteurs qui venaient gaspiller
« le temps et refroidir l'enthousiasme du
« poète. Il travaillait ainsi en toute
« liberté ; et quand sa mémoire était
« pleine de vers, comme la ruche des
« abeilles est remplie de miel, il appelait
« son épouse pour recueillir la moisson
« du jour. La mémoire de Delille retenait
« fidèlement tout ce qu'il avait composé
« dans sa tête, et le dictait ensuite à la
« plume attentive et fidèle d'une compa-
« gne qui le payait de ses beaux vers par
« un premier suffrage, dont l'écrivain,
« encore tout échauffé, a besoin quelque-
« fois, même pendant le cours du travail,
« pour soutenir son ardeur. Ce suffrage
« était de quelque prix ; en effet, le com-
« merce d'un esprit si exercé, les confi-
« dences littéraires d'un écrivain si habile,
« lui avaient donné à elle-même un senti-
« ment très vif du beau et un tact assez
« délicat. Attentive aux exemples du maî-
« tre, elle récitait des morceaux de ces

« poèmes d'une manière agréable et qui
« ne sentait pas trop l'imitation. Elle
« chantait d'ailleurs avec goût, et sa voix
« avait d'heureux accents. La musique
« avait été le premier intermédiaire entre
« les deux époux, elle faisait le charme de
« leur intimité.

« Suivant une opinion très répandue,
« madame Delille aurait exercé un empire
« absolu sur son mari, cet empire était
« grand, sans aucun doute ; mais nous lui
« devons quinze ou vingt ans de plus
« d'une vie toute consacrée à l'honneur
« des lettres, et plusieurs poèmes qui
« n'auraient jamais vu le jour. Entrainé
« par la facilité de son caractère, par l'ha-
« bitude et le besoin des succès journa-
« liers, Delille aurait cédé, comme autre-
« fois, à des sollicitations indiscrètes, et
« serait mort avant le temps sous les per-
« fides caresses de la société. En le proté-
« geant contre son laisser-aller et contre
« des obsessions portées jusqu'à une
« sorte de violence, madame Delille réta-
« blit la santé, prolongea les jours et
« accrut la gloire du poète. »

Ne voyant presque plus clair, puis tout-à-fait aveugle, Delille ne sortait plus, mais il recevait tous les jours les visites de ses amis, vieux et jeunes. Les nouveaux aimaient à causer avec ce vieillard, qui n'avait rien perdu de sa bonté, de sa douceur, de son amabilité et de son esprit toujours jeune. Il ne recevait pas chez lui que des célébrités. Il y avait place aussi pour les connaissances de Mme Delille. Des compatriotes, demeurant à Paris ou y venant pour leurs affaires ou leur agrément, y étaient reçus à bras ouverts. Un petit billet, adressé à une dame de Fraize, le témoigne :

« Made Delille prie Madame Petitdidier
« de lui faire l'honneur de diner chez elle
« samedi prochain à trois heures. — Ma-
« dame Petitdidier dinera avec une per-
« sonne qui prend à elle le plus grand in-
« térêt. — Tout le petit ménage la prie
« de recevoir son tendre hommage, et de
« vouloir bien le rappeler à son intéres-
« sante famille.

« Au collège de France, place Cambrai,
« samedi 12 décembre 1812.

« A Madame Petitdidier, rue de Cléri,
« n° 8, à Paris. »

On peut voir cet autographe à la bibliotèque de la *Société philomatique vosgienne* de Saint-Dié. Il est attaché à un petit volume in-12, broché, de 52 pp., contenant divers opuscules de Jacques Delille : *Le départ d'Eden*, poème ; *Description de l'Arcadie* ; *Description de Pulhavie* ; *Lettre à la princesse**** ; *Epître à deux enfants voyageurs*. Ce livre a été donné par Mme Delille à Mme Petitdidier, de Fraize, le 24 août 1817, et offert par un parent de cette dernière dame, M. Eugène Richard, à la *Société Philomatique* le 13 août 1886.

Quelques mois après le dîner dont il vient d'être question, Jacques Delille, atteint, le 1er mai 1813, par une cinquième attaque de paralysie, s'éteignit doucement entre les bras de sa femme. Il avait 75 ans et mourait dans toute sa gloire.

On lui fit de pompeuses, de royales obsèques, auxquelles celles de Victor Hugo peuvent seules être comparées.

Plus tard, Madame Delille lui fit élever

au Père Lachaise, où il fut inhumé, un monument portant ces deux mots : *Jacques Delille.* « Elle n'a pas cessé, dit F.
« Tissot, de rendre à ce monument un culte
« qui achève de justifier les beaux vers
« que Delille avait composés pour elle,
« en lui dédiant son poème de l'*Imagina-*
« *tion.* »

Madame Delille, toujours inconsolable de la perte immense qu'elle avait faite, survécut pendant de longues années à son mari. Il y avait entre eux une si grande différence d'âge !...

En souvenir de son pays natal et du séjour qu'ils y firent ensemble pendant la Terreur, elle offrit à la bibliothèque publique de Saint-Dié les œuvres complètes de l'illustre poète. Le 8 novembre 1828, le maire Brevêt adressa à la donatrice ses remerciments : « Je suis heureux, lui dit-
« il, de vous faire connaître que le corps
« municipal, amant de la belle littérature
« a agréé votre hommage avec une pro-
« fonde gratitude. M. Delille a eu, chez
« nous, des habitudes qui nous ont fait

« chérir sa vie privée. C'est donc sous
« un double rapport que nous sommes
« les admirateurs de son illustration et de
« sa famille qui voit avec un noble orgueil
« les œuvres sublimes de Delille léguées
« à l'immortalité. »

Madame Delille, née Vaudechamp, mourut en 1831. Elle repose à côté de son mari, dans le tombeau qu'elle avait destiné à réunir leur cendre.

Nous avons encore connu une nièce de Madame Delille, Mademoiselle Marie Vaudechamp, qui habitait Saint-Dié et allait en journées comme couturière. Elle possédait un portrait de son oncle et quelques couverts d'argent, aux initiales du ménage Delille, qu'elle conservait religieusement. Mais comme elle n'avait d'autres ressources que son aiguille, les infirmités qui survinrent avec l'âge l'obligèrent à cesser tout travail. Enfin, poussée par l'indigence, elle se défit, au fur et à mesure que ses besoins devenaient plus pressants, de ces reliques de famille, précieux souvenirs de l'illustre poète. Que sont-ils

devenus ? Mlle Vaudechamp, seule et réduite à la misère, fut admise comme pensionnaire à l'hôpital Saint-Charles, où elle est morte il n'y a pas très longtemps.

Lafeschotte (Doubs) 26 janvier 1903.

TABLE DES MATIÈRES

	Pages
Bibliographie vosgienne............	3
Femme-poisson et Femme-serpent....	11
La légende de saint Maimbœuf.......	31
Bonne année (coutumes et chansons)..	47
Mme Jacques Delille, née Vaudechamp	55

Saint-Dié. — Typ. C. Cuny.

www.ingramcontent.com/pod-product-compliance
Lightning Source LLC
LaVergne TN
LVHW050608090426
835512LV00008B/1393